30 Geschichten für den RAMADAN

Abendgeschichten für Kinder für den heiligen Monat Ramadan

1) <u>Leilas Erstes Fasten</u>

In einer kleinen Stadt, die vom sanften Licht des Morgens durchflutet wurde, wachte Leila mit einer Mischung aus Aufregung und Nervosität auf. Heute markierte einen besonderen Moment in ihrem Leben: ihren ersten vollständigen Fastentag des Ramadan.

"Mama, ist es wirklich heute?" fragte Leila, ihre Augen noch halb geschlossen.

Ihre Mutter, Fatima, lächelte zärtlich und nickte. "Ja,

mein Schatz. Heute wirst du zum ersten Mal fasten. Bist du bereit?"

Leila nickte, obwohl eine kleine innere Stimme ihr ihre Bedenken zuflüsterte. Sie erinnerte sich an den Rat ihres Vaters: "Fasten ist mehr als der Verzicht auf Nahrung, es ist eine Suche nach Geduld und Dankbarkeit."

Nach der Mahlzeit in der Morgendämmerung verrichteten Leila und ihre Familie ihr Gebet. Die Sonne ging auf und breitete ihre goldenen Strahlen über die Stadt aus und verkündete den Beginn des Fastens.

Den ganzen Tag über fühlte Leila verschiedene Emotionen: Hunger natürlich, aber auch ein Gefühl des Stolzes. Sie beobachtete ihre Familie, insbesondere ihre Mutter und ihren Vater, mit neuer Bewunderung für ihre Hingabe.

In der Schule teilten ihre Freunde ihre eigenen Erfahrungen. "Das Schwierigste ist der Nachmittag, wenn der Hunger wirklich spürbar wird", vertraute ihr Freund Karim an.

"Aber vergiss nicht, warum wir das tun", fügte Amina, eine andere Freundin, hinzu. "Es ist, um uns Allah näher zu bringen und um zu lernen, das zu schätzen, was wir haben."

Am Abend, als der Himmel sich in Schattierungen von Rosa und Orange färbte, versammelte sich Leilas Familie zum Fastenbrechen. Leila betrachtete die

Datteln auf dem Tisch und erinnerte sich daran, dass der Prophet Mohammed (Friede und Segen seien auf ihm) sein Fasten auf diese Weise brach.

"Leila, möchtest du die Ehre haben, das Fasten zu brechen?" fragte ihr Vater.

Mit einem kleinen Nicken nahm Leila eine Dattel und flüsterte ein stilles Gebet der Dankbarkeit. Die Süße der Frucht schien die köstlichste zu sein, die sie je gekostet hatte.

"Wie fühlst du dich?" fragte ihre Mutter, nachdem sie ihre Mahlzeit beendet hatten.

"Glücklich", antwortete Leila einfach. "Und ein wenig überrascht. Ich dachte nur an den Hunger, aber es gibt so viel mehr. Ich fühle mich... euch allen näher, und Gott."

Ihr Vater lächelte. "Der Ramadan hat diese Art, uns zusammenzubringen, uns an die Wichtigkeit von Familie, Dankbarkeit und unserem Glauben zu erinnern."

Leila schlief in dieser Nacht mit leichtem Herzen und einem Geist voller Reflexionen ein. Ihr erster Fastentag war nicht nur eine Herausforderung, sondern ein Einblick in eine Welt des Verständnisses und des spirituellen Wachstums.

2) <u>Das Geheimnis der Zakat</u>

Im lebhaften Viertel der Altstadt teilten Aya und ihr kleiner Bruder Sami ein Geheimnis. Jeden Ramadan sparten sie einen Teil ihres Taschengeldes für die Zakat, eine sehr wichtige Almosen-Tradition im Islam. Dieses Jahr hatten sie jedoch beschlossen, etwas anderes zu tun.

Eines Nachmittags, als die Sonne unterging und den rosigen Schattierungen der Dämmerung Platz machte, sagte Aya zu Sami: "Du weißt, Geld zu geben ist gut, aber dieses Jahr möchte ich, dass wir etwas Persönlicheres geben."

Mit großen, neugierigen Augen fragte Sami: "Wie was, Aya?"

"Ich dachte, wir könnten unser Geld nutzen, um Schulmaterial für die Kinder im Waisenhaus zu kaufen", antwortete Aya mit einem Lächeln. Sami sprang vor Freude und stimmte der Idee begeistert zu.

In den folgenden Tagen verrichteten die Kinder ihre Aufgaben mit mehr Eifer denn je und verdienten ein paar zusätzliche Münzen für ihr besonderes Projekt. Nachdem sie genug Geld gesammelt hatten, kauften sie Hefte, Stifte und andere Materialien.

Am Vorabend des Eid machten sie sich auf den Weg zum Waisenhaus, die Arme voller bunter Taschen. Samis Aufregung war greifbar, doch er erinnerte sich an die Worte seiner Schwester: "Zakat ist noch wertvoller, wenn sie diskret und mit Demut gegeben wird."

Aya und Sami hinterließen die Taschen vor der Tür des Waisenhauses mit einer Notiz: "Ein kleines Geschenk für ein Jahr fröhlichen Lernens." Sie läuteten und versteckten sich, um zuzusehen.

Als die Waisenkinder die Taschen fanden, leuchteten ihre Gesichter vor unglaublicher Freude auf. Aya und Sami fühlten, wie Wärme ihre Herzen erfüllte.

Auf dem Heimweg fragte Sami: "Aya, warum haben wir ihnen nicht gesagt, dass wir es waren?"

Aya, die die Hand ihres Bruders hielt, antwortete: "Weil wahres Geben von Herzen kommt, Sami. Es ist nicht notwendig, dass andere wissen, woher es kommt. Wichtig ist das Lächeln auf ihrem Gesicht, nicht das Lob, das wir erhalten könnten."

Sami sah seine Schwester an, beeindruckt und stolz. Er hatte eine wertvolle Lektion über Demut und Großzügigkeit gelernt.

Am Tag des Eid, als die Familie gemeinsam feierte, teilten Aya und Sami ihr Geheimnis mit ihren Eltern, die sie mit Stolz und Liebe umarmten.

3) <u>Unter dem Halbmond</u>

Im kleinen Dorf Nour war das Erscheinen des Halbmonds immer ein besonderes Ereignis, besonders während des Ramadan. Kinder und Erwachsene erwarteten diesen Moment gleichermaßen mit unverhohlener Freude. Aber für Lina und ihren Bruder Sami war dieses Jahr noch besonderer: Es war das erste Mal, dass sie alt genug waren, um an der nächtlichen Wache unter dem Mond teilzunehmen.

Nach dem Iftar-Mahl, als das letzte Leuchten der Sonne verblasste, gesellten sich Lina und Sami zu ihren Eltern im Garten, wo sich alle Nachbarn versammelten. Farbenfrohe Laternen schwangen sanft in der Abendbrise, und die Luft war erfüllt vom süßen Duft der Ramadan-Gebäcke.

"Schau, Sami!" rief Lina aus und zeigte zum Himmel. "Der Halbmond! Dort ist er!"

Sami, mit weit aufgerissenen Augen, folgte der Richtung von Linas Finger und sah den schmalen Halbmond, der sich gegen den violetten Himmel abzeichnete. "Er ist wunderschön!" sagte er.

Ihr Vater, der ihre Aufregung sah, kniete sich neben sie. "Wisst ihr, warum der Halbmond so wichtig während des Ramadan ist?" fragte er.

"Weil er den Beginn des heiligen Monats ankündigt, nicht wahr?" antwortete Lina stolz, die Antwort zu kennen.

"Genau," bestätigte ihr Vater. "Und er ist auch eine Erinnerung an die Schönheit von Allahs Schöpfung und die Regelmäßigkeit der Lebenszyklen. Jede Mondphase lehrt uns etwas."

Die Kinder nickten und blickten mit neuer Wertschätzung in den Nachthimmel.

"Und jetzt, unter diesem Halbmond, werden wir alle zusammen ein besonderes Gebet sprechen," kündigte ihre Mutter an, als sie sich mit einer Gebetsmatte zu ihnen gesellte.

Die Familie reihte sich auf, und während sie gemeinsam sich niederwarfen, spürten Lina und Sami einen inneren Frieden. Unter dem Halbmond waren sie vereint mit ihrer Familie, ihrer Gemeinschaft und etwas viel Größerem als sie selbst.

Als sie ihre Köpfe hoben, leuchteten die Sterne wie stille
Antworten auf ihre Gebete. Und unter dem Halbmond
formulierten Lina und Sami Wünsche für den
kommenden Monat, Wünsche voller Hoffnung, Frieden
und Gemeinschaft.

4) <u>Die Laterne von Nour</u>

Im alten Viertel der Medina, wo sich die Straßen wie die Fäden eines antiken Teppichs verflechten, hatte Nour, ein kleines Mädchen mit scharfem Verstand und großzügigem Herzen, eine besondere Tradition während des Ramadan. Jedes Jahr fertigte sie eine Laterne an, um den Weg für die Passanten vor ihrem Zuhause zu beleuchten.

Am ersten Abend des Ramadan nahm Nour mit ihrer

fertigen Laterne am Fenster Platz. Sie war mit farbigem Glas und Mustern verziert, die Geschichten von Großzügigkeit und Liebe erzählten. Beim Anzünden der Kerze im Inneren warf die Laterne Lichttänze auf die Mauern der alten Stadt.

"Nour, deine Laterne ist die schönste, die ich je gesehen habe", rief ihre Großmutter, die sich zu ihr ans Fenster gesellte, aus. "Sie leuchtet wie ein kleiner Stern, der vom Himmel gefallen ist."

Nour lächelte, ihre Augen funkelten im Licht ihrer Schöpfung. "Ich habe sie gemacht, damit sich jeder daran erinnert, den Weg zur Güte zu finden", sagte sie.

Während sie zusammen schauten, näherte sich ein alter Mann, hielt unter der Laterne an, um seine müden Beine auszuruhen. Das sanfte Licht schien ihn zu beruhigen, und ein Lächeln breitete sich auf seinem vom Licht der Laterne erhellten Gesicht aus.

Kurz darauf sammelte sich eine Gruppe von Kindern, die auf der Straße spielten, um die Laterne. Sie bewunderten die Farben und die Wärme, die sie ausstrahlte, lachten und teilten Geschichten unter ihrem wohlwollenden Licht.

Nacht für Nacht wurde Nours Laterne zu einem Treffpunkt, einem Leuchtturm der Gemeinschaft und des Teilens. Die Nachbarn brachten Leckereien zum Teilen und Geschichten zum Erzählen mit, und die kleine Laterne erhellte ihre Ramadan-Abende mit einem warmen Licht.

Am letzten Abend des Ramadan, als Nour ihre Laterne zum letzten Mal vorbereitete, sagte ihre Großmutter: "Weißt du, mein Liebling, das wahre Licht des Ramadan ist das, welches in deinem Herzen leuchtet."

Nour blickte in den Nachthimmel hinauf, sah den Mond, der das Ende des heiligen Monats ankündigte, und wusste, dass das Licht ihrer Laterne lange nach dem Erlöschen der Sterne weiterleuchten würde.

5) <u>Spuren im Sand</u>

An den goldenen Ufern des Meeres, wo die Wellen sanft den Strand streicheln, ging jeden Abend des Ramadan nach dem Iftar ein kleiner Junge namens Youssef spazieren. Er liebte es, den kühlen Sand unter seinen Füßen zu fühlen und die Abdrücke zu betrachten, die er hinterließ.

Eines Abends, als der Mond klar und rund schien, bemerkte Youssef, dass seine Fußabdrücke nicht alleine waren. Neben seinen eigenen gab es eine weitere Reihe von Spuren, klein und zart, wie die eines Kindes.

Neugierig folgte er diesen Spuren, bis er ihre Besitzerin fand: ein kleines Mädchen, seine Nachbarin Amira, die scheinbar etwas im Sand suchte.

"Was machst du hier ganz alleine?" fragte Youssef, als er sich ihr vorsichtig näherte.

Amira blickte auf, ihre Augen leuchteten vor Hoffnung. "Ich suche Muscheln für meine Sammlung. Mein Papa sagt, sie sind am schönsten, wenn der Mond voll ist."

Beeindruckt von ihrem Eifer, kniete Youssef nieder, um ihr zu helfen. Gemeinsam suchten sie, und bei jeder gefundenen Muschel teilten sie ein Lächeln oder ein Lachen.

"Warum suchst du während des Ramadan nach Muscheln?" fragte Youssef nach einem Moment der angenehmen Stille.

"Weil der Ramadan eine Zeit ist, um gute Taten zu tun,"
antwortete Amira. "Ich möchte meine Muscheln den
Kindern im Krankenhaus schenken, damit sie ein wenig
von der Schönheit des Meeres bei sich haben."

Youssef spürte eine Welle der Bewunderung für seine
Freundin. "Das ist eine wundervolle Idee, Amira.
Vielleicht könnte ich dir helfen, sie zu verschenken?"

Amira nickte begeistert. "Das würde ich lieben,
Youssef."

6) <u>Das Mitternachtsgebet</u>

Im ruhigen Viertel von Medina, wenn die Uhren
Mitternacht während des Ramadan schlugen, hüllte eine
friedliche Stille die Straßen ein. Doch im Haus der
Familie Idriss blieb ein Licht an, und leise
Gebetsflüstern stiegen empor.

Sofia, das jüngste Mitglied der Familie, hatte das ganze
Jahr darauf gewartet, an dem Tarawih-Gebet
teilzunehmen, einem besonderen Ramadan-Gebet, das
normalerweise nach dem Isha, dem Abendgebet,
verrichtet wird. In diesem Jahr war sie fest entschlossen,
für das Mitternachtsgebet wach zu bleiben, trotz ihrer
schweren Lider.

"Vater, werde ich wach bleiben können für das
Mitternachtsgebet?" fragte sie, während sie gegen den
Schlaf ankämpfte.

Ihr Vater, Layth, legte seine Hand auf ihren Kopf und
lächelte. "Wenn dein Herz bereit und deine Absicht klar
ist, dann wird Allah dir helfen, wach zu bleiben," sagte
er zuversichtlich.

Als die Zeit näher rückte, bereitete sich die Familie vor,
wusch sich zur Reinigung und begab sich zu ihrem
Gebetsraum. Sofia nahm neben ihrem Bruder und ihrer
Schwester Platz, der Teppich unter ihr war weich und
beruhigend.

Ihre Mutter begann mit der Rezitation des Korans, ihre

Stimme hob und senkte sich in den heiligen Versen. Sofia ließ sich von den Worten mitreißen und spürte, wie ihr Herz im Rhythmus der Ayat schlug.

Als das Gebet begann, folgte Sofia den Bewegungen mit stiller Aufmerksamkeit, verneigte sich, stand auf und beugte sich mit einer Hingabe, die über ihr junges Alter hinausging. Jede Haltung war ein Gespräch mit dem Göttlichen, jede Verneigung eine Glaubensbekundung.

Am Ende des Gebets, als die Stille wieder im Haus einkehrte, fühlte sich Sofia auf eine Weise wach, die sie noch nie zuvor gekannt hatte. Sie hatte nicht nur ihr Versprechen gehalten, für das Mitternachtsgebet wach zu bleiben, sondern sie hatte auch eine tiefe Verbindung zu ihrer Familie und ihrem Glauben gefühlt.

"Vater, es war wunderschön", flüsterte sie, ihre Augen leuchteten von einem inneren Licht.

"Das ist die Kraft des Gebets, Sofia. Es vereint uns und hebt uns empor, besonders während des Ramadan", antwortete er.

Und während Mitternacht vorüberging und das Licht des
Mondes sanft auf die Seiten des Korans fiel, wusste
Sofia, dass sie die Erinnerung an dieses
Mitternachtsgebet für alle kommenden Nächte bewahren
würde, eine Erinnerung an Frieden und göttliche
Verbindung.

7) <u>Die erste Offenbarung</u>

In der friedlichen Stadt Mekka, unter dem sternklaren Wüstenhimmel, lebte ein junger Junge namens Amir. Amir war bekannt für seine Neugier und seine Liebe zu den Geschichten, die sein Großvater ihm jeden Abend erzählte. Von allen Geschichten faszinierte ihn die über die erste Offenbarung des Korans an den Propheten Mohammed während des Ramadanmonats besonders.

Eines Abends, als der Ramadan begann, fragte Amir seinen Großvater mit leuchtenden Augen: "Großvater, kannst du mir noch einmal die Geschichte von der ersten Offenbarung erzählen?"

Der Großvater lächelte, erfreut über das Interesse seines Enkels, und begann: "Nun, Amir, das geschah vor sehr langer Zeit. Der Prophet Mohammed war in der Höhle von Hira auf der Suche nach Frieden und Besinnung, als der Engel Gabriel ihm erschien."

Amir, an jedem Wort hängend, fragte: "Großvater, hatte der Prophet Angst?"

"Ja, er war anfangs überrascht und ein wenig erschrocken", antwortete der Großvater. "Aber Gabriel sagte zu ihm: 'Lies!' und der Prophet antwortete, dass er nicht lesen könne. Dann umarmte ihn der Engel und sagte wieder: 'Lies!'"

"Und dann? Was geschah als Nächstes?" drängte Amir.

"Gabriel offenbarte dann die ersten Worte des Korans, die bedeuten: 'Lies im Namen deines Herrn, der erschaffen hat...' Diese Worte markierten den Beginn der Offenbarung des Korans, und seitdem ist der Ramadanmonat zu einer heiligen Zeit geworden, um sich Gott und Seinem Wort zu nähern", schloss der Großvater.

Amir schwieg einen Moment, ganz in die Geschichte vertieft. Dann sagte er mit Sternen in den Augen: "Großvater, ich möchte sein wie der Prophet. Ich möchte lernen und Weisheit teilen."

Der Großvater nahm Amir in die Arme und sagte zärtlich: "Du hast bereits begonnen, mein Lieber. Jeden Tag, an dem du etwas Neues lernst und es freundlich teilst, folgst du den Fußstapfen des Propheten."

Während die Nacht die Stadt umhüllte, schlief Amir ein, das Herz voller Träume und Geschichten, entschlossen, das Licht des Wissens zu lernen und zu teilen, genau wie der Prophet Mohammed es vor so langer Zeit getan hatte.

8) <u>Der Garten der Tugenden</u>

In einer friedlichen Ecke der Stadt, wo die Gassen mit Blumen geschmückt sind und die Brunnen sanft singen, gab es einen Garten, den alle Kinder der Stadt "Der Garten der Tugenden" nannten. Dies war kein gewöhnlicher Garten; seine Bäume schienen im Wind zu tanzen und seine Blumen flüsterten Worte der Weisheit denen zu, die sich die Zeit nahmen, zuzuhören.

Im Herzen dieses Gartens liebte es ein junges Mädchen namens Hana, ihre Nachmittage im Ramadan zu verbringen. Sie fand an diesem Ort einen inneren Frieden, der die Besinnung und Ruhe des Fastens ergänzte.

Eines Tages, als Hana zwischen den Blumenbeeten spazierte, bemerkte sie eine Rose, die zu welken schien. Besorgt näherte sie sich und hörte die Rose flüstern: „Um zu blühen, brauche ich die Freundlichkeit von jemandem."

Ohne zu zögern nahm Hana die Rose behutsam in ihre Hände und gab ihr Wasser aus dem Brunnen. Nach und nach erlangte die Rose ihre Farben zurück und ihr Duft erfüllte die Luft.

„Danke, kleine Hana", sagte die Rose. „Du hast die Tugend des Mitgefühls gezeigt, eine der schönsten Tugenden, die man im Ramadan haben kann."

An jedem folgenden Tag traf Hana auf andere Blumen

mit anderen Bedürfnissen: eine Tulpe brauchte
Ermutigung, um sich aufzurichten, eine Lilie brauchte
ein offenes Ohr, um ihre Geschichten zu teilen, und ein
Jasmin brauchte einfach nur Gesellschaft.

Jedes Mal war Hana da und bot, was sie konnte, und mit
jeder Tugendtat wurde der Garten üppiger und
lebendiger.

Am letzten Tag des Ramadan war der Garten nicht
wiederzuerkennen, voller Leben und Farben. Hana

verstand dann, dass dieser Garten ein Spiegelbild der Welt war: Jede gute Tat, so klein sie auch sei, trug zu einem größeren Wohl bei.

„Hana, du hast gegeben, ohne etwas im Gegenzug zu erwarten, und das ist das wahre Wesen des Ramadan", sagte ein alter Feigenbaum in der Mitte des Gartens.

Am Abend des Eid lud Hana alle Kinder ein, den Garten zu besichtigen. Sie waren verzaubert von seiner Schönheit und verstanden die Botschaft, die Hana teilte: Wie der Garten konnten ihre Herzen und Gemeinschaften durch Tugend und Güte erblühen.

9) Die gemeinsame Mahlzeit

Der Monat Ramadan war eine Zeit des Teilens und der Gemeinschaft, und in Mariams Familie war das Iftar-Mahl eine Herzensangelegenheit. Dieses Jahr hatte Mariam eine besondere Idee. Sie wollte ihre Freunde aus verschiedenen Kulturen zum Iftar einladen, um ihnen die Schönheit der Tradition zu zeigen.

Mit der Hilfe ihrer Mutter schickte Mariam Einladungen für den zehnten Tag des Ramadan aus. „Mama, glaubst du, sie werden kommen?" fragte sie etwas ängstlich.

„Natürlich, mein Schatz", antwortete ihre Mutter. „Es ist eine wunderbare Gelegenheit für sie, unsere Bräuche kennenzulernen."

Der Abend des Iftar kam, und bald war Mariams Haus gefüllt mit Lachen und Gesprächen in verschiedenen Sprachen. Jeder Freund brachte eine Speise aus seiner Heimat mit, was zu einem Buffet der Vielfalt und der Geschmäcker führte.

„Ich wusste nicht, dass es so viele verschiedene Arten gibt, Datteln zuzubereiten!" rief Emma aus, eine Schulfreundin von Mariam.

„Und diese Fleischbällchen, sie sind köstlich! Wie heißen sie?" fragte Alex, der einen Kibbeh genoss.

Mariam erklärte die verschiedenen Gerichte und teilte die Geschichten hinter jeder Tradition. Als die Zeit für das Iftar kam, hielten alle einen Moment der Stille, während Mariams Familie das Fasten mit Datteln und Wasser brach, so wie es der Prophet Muhammad (Friede und Segen sei auf ihm) getan hatte.

Dann setzten sich alle zusammen, um das Festmahl zu genießen. Die Gespräche drehten sich um Fastenerfahrungen, familiäre Traditionen und die Bedeutung der Dankbarkeit.

„Ich habe nie wirklich darüber nachgedacht, wofür ich alles dankbar sein sollte", gestand Tom, ein Klassenkamerad.

„Das ist eine der Lektionen des Ramadan", sagte
Mariams Vater. „Wir fasten, um den Hunger zu spüren,
um den Wert dessen zu verstehen, was wir haben, und
um zu lernen, es zu schätzen."

Das gemeinsame Mahl wurde zu einer jährlichen
Veranstaltung bei Mariam zu Hause. Jedes Jahr kamen
mehr Freunde an den Tisch, und das Iftar-Buffet wuchs
mit neuen Gerichten und Geschichten. Für Mariam und
ihre Familie wurde der Ramadan zum Synonym für das
Teilen, nicht nur von Essen, sondern auch von Kultur
und Freundschaft.

10) <u>**Die Perle der Geduld**</u>

In einem Dorf, das von den stillen Wassern eines funkelnden Meeres umspült wurde, lebte ein Mädchen namens Safiya, bekannt für ihre unendliche Geduld. Während des Ramadans leuchtete diese Tugend noch heller als sonst.

Jeden Fastentag stand Safiya vor der Morgendämmerung auf, um ihrer Mutter zu helfen, das Suhoor, die Mahlzeit vor Sonnenaufgang, vorzubereiten. Selbst müde, verlor sie nie ihr Lächeln oder ihre Sanftheit.

Eines Nachmittags, als die unerbittliche Sonne ihre Strahlen auf das Dorf herabsandte, fand Safiya eine Auster am Strand. Darin entdeckte sie eine Perle von außerordentlicher Schönheit. Es war ein Geschenk des Meeres, ein in der Tiefe verborgenes Geheimnis.

Safiya, erstaunt, beschloss, die Perle zu behalten, nicht als persönlichen Schatz, sondern als Symbol dessen, was der Ramadan ihr lehrte. Sie nannte sie die Perle der Geduld.

Am letzten Tag des Ramadans richtete Safiya ein Iftar für das ganze Dorf aus. Die Tische waren mit köstlichen Speisen gefüllt, und in der Mitte wurde die Perle ausgestellt, funkelnd im Licht der Dämmerung.

Die Dorfbewohner waren berührt von der Schönheit der Perle und fragten Safiya, warum sie sie so genannt hatte.

"Diese Perle, gefunden nach langem Warten in der Tiefe, erinnert mich daran, dass Geduld wertvoll ist", erklärte sie. "Während des Ramadans lernen wir zu warten, zu hoffen und jeden Segen zu schätzen. Wie diese Perle ist Geduld ein Geschenk, das sich jenen offenbart, die zu warten wissen."

Die Herzen der Dorfbewohner wurden von Safiyas Weisheit berührt. Die Perle der Geduld wurde zu einem Symbol des Dorfes, das alle an die Tugenden des Ramadans und die Schönheit erinnerte, die in Geduld und Dankbarkeit liegt.

11) <u>Die Tausend und eine Nacht des Ramadan</u>

In der kleinen Stadt Tarim, umgeben von der Wüste und dem Sternenhimmel, brachte der Ramadan nicht nur einen Monat des Fastens, sondern auch einen Monat voller Geschichten und Erzählungen. Unter den Erzählern gab es den weisen alten Mann, Abu Hassan, dessen Geschichten Nacht für Nacht Kinder wie Erwachsene fesselten.

Ein Kind insbesondere, Layla, verpasste nie eine Nacht. Sie war gefangen von den Abenteuern und den Lektionen, die jede Geschichte mit sich brachte. Eines Abends verkündete Abu Hassan: "Meine lieben Kinder, in diesem Jahr stelle ich euch eine Herausforderung. Wer mir die beste Ramadan-Geschichte erzählen kann, wird eine vollständige Sammlung der Geschichten gewinnen, die ich im Laufe der Jahre erzählt habe."

Layla, mit ihrer grenzenlosen Fantasie, war begeistert von der Idee, teilzunehmen. Sie verbrachte die folgenden Tage damit, ihre Geschichte zu schreiben und umzuschreiben, jedes Detail zu verfeinern. Schließlich erschuf sie "Die Tausend und eine Nacht des Ramadan", eine magische Geschichte über eine Stadt, die niemals schlief, in der jede Nacht ein neues Abenteuer enthüllte, inspiriert von den Lehren des Korans.

Am letzten Abend des Ramadan nahm Layla all ihren
Mut zusammen und stand auf, um ihre Geschichte vor
Abu Hassan und allen versammelten Dorfbewohnern zu
erzählen. Ihre Stimme, zuerst zögernd, gewann an
Zuversicht, als ihre Erzählung zum Leben erwachte und
ihr Publikum in eine Welt mitnahm, in der die Sterne
den Kindern Geheimnisse der Weisheit zuflüsterten und
der Mond über die Stadt wachte, Frieden und Reflexion
sicherstellend.

Als Layla fertig war, legte sich eine bewegte Stille über die Versammlung, bevor ein Schwall von Beifall ausbrach. Abu Hassan, mit Tränen in den Augen, erklärte: "Layla, deine Geschichte hat den Geist des Ramadan besser eingefangen, als ich es mir je hätte vorstellen können."

Und so gewann Layla nicht nur den Wettbewerb, sondern auch das Herz ihrer Gemeinschaft und erinnerte alle daran, dass die wahren Geschichten des Ramadan jene sind, die man erlebt, teilt und die man im Herzen behält, lange nachdem der heilige Monat vorüber ist.

12) <u>**Die Großzügigkeit des Herzens**</u>

Im Dorf Al-Baraka kannte jeder den jungen Ali wegen seiner überschwänglichen Großzügigkeit. Während des Ramadan suchte Ali stets nach Wegen, diesen Monat noch besonderer für andere zu machen.

Dieses Jahr hatte Ali beschlossen, ein Iftar-Mahl für jene vorzubereiten, die es am meisten brauchten. Er verbrachte Tage mit der Planung, sammelte Zutaten und lud alle, die allein oder in Not waren, ein, sich ihm zu einem gemeinschaftlichen Essen anzuschließen.

Mit Hilfe seiner Familie und Freunde verwandelte Ali den Marktplatz in ein großes Freiluft-Wohnzimmer. Farbenfrohe Tischdecken wurden ausgelegt, Laternen aufgehängt und ein süßer Duft von Kochen lag in der Luft.

Als der Abend des Iftars kam, begannen die Menschen zu erscheinen, manche schüchtern, andere neugierig, aber alle berührt von Alis Einladung. Er begrüßte sie mit einem warmen Lächeln und einem freundlichen Wort für jeden.

Der Adhan erklang, und Stille trat ein, während sich alle darauf vorbereiteten, das Fasten zu brechen. Ali verteilte Datteln und Wasser, und gemeinsam dankten sie für die Segnungen dieses Tages.

Das Essen war ein fröhlicher Mix aus Gesprächen, Lachen und Teilen. Ali sorgte dafür, dass sich jede Person wie zu Hause fühlte und darauf, dass jeder genug zu essen hatte.

Nach dem Iftar näherte sich ein alter Mann Ali und legte seine Hand auf die Schulter des Jungen. "Mein Sohn, was du heute getan hast, das ist der wahre Geist des

Ramadan. Deine Großzügigkeit nährt viel mehr als unsere Körper; sie nährt unsere Seelen."

Ali fühlte, wie sein Herz vor Glück schwoll. Es war nicht das Ausmaß des Mahls, das zählte, noch die Komplimente, die er erhielt, sondern das Gefühl von Einheit und Liebe, das den Platz an diesem Abend erfüllte.

Als die Sterne am Himmel erschienen, wusste Ali, dass wahre Großzügigkeit vom Herzen kommt und sie die Kraft hat, die Welt zu verändern, eine gute Tat nach der anderen.

13) **<u>Imrans Vergebung</u>**

In einer friedlichen Ecke der Stadt hatte Imran, ein junger Junge, bekannt für sein feuriges Temperament, eine harte Lektion gelernt. Er hatte seinen Freund Anas mit harten Worten verletzt, und während dieses Ramadans war das Gewicht seines Bedauerns schwerer denn je.

Eines Nachts, nach dem Tarawih-Gebet, näherte sich

Imran Anas. Das Mondlicht spiegelte sich in den Tränen, die er zurückzuhalten versuchte.

"Anas, ich bin gekommen, um um Vergebung zu bitten", sagte Imran mit zitternder Stimme. "Was ich sagte, war grausam, und ich bereue jedes Wort."

Anas sah Imran an, sein Herz zerrissen zwischen Groll und Mitgefühl. Er sah die Aufrichtigkeit in Imrans Augen und spürte die Reinheit seiner Absicht.

"Imran, der Ramadan ist der Monat der Vergebung. Dein Schritt beweist mir, dass du dich geändert hast", antwortete Anas, seine Stimme erfüllt von der Emotion der Versöhnung. "Ich vergebe dir, mein Freund."

Die beiden Jungen umarmten sich unter dem nächtlichen Himmel, Mond und Sterne Zeugen ihrer Versöhnung. Imran fühlte, wie sich ein Gewicht von seinen Schultern hob und durch einen Frieden ersetzt wurde, den er lange nicht gefühlt hatte.

Am nächsten Tag beschloss Imran, seine Erfahrung mit den Kindern des Viertels zu teilen. Er erzählte ihnen, wie er den Mut gefunden hatte, um Vergebung zu bitten und wie wichtig diese Tugend ist, besonders während des Ramadans.

"Vergebung ist nicht nur für diejenigen, von denen wir sie erbitten, sondern auch für uns selbst. Es ist eine

Befreiung, ein Weg, um Licht in unsere Herzen zu lassen", lehrte Imran.

Dieser Ramadan wurde ein Wendepunkt für Imran. Er wurde nicht nur für seine Energie bekannt, sondern auch für seine Fähigkeit, seine Fehler einzugestehen und um Vergebung zu bitten. Und jedes Jahr, im heiligen Monat, teilte er die Geschichte von "Imrans Vergebung", um allen die Kraft der Barmherzigkeit und eines reinen Herzens in Erinner ung zu rufen.

14) <u>Der Schatz des Fastens</u>

In einem abgelegenen Dorf, umgeben von majestätischen Bergen, sprachen die Ältesten von einer Legende, dem Schatz des Fastens, der auf dem Gipfel des höchsten Berges versteckt sein sollte. Es war kein gewöhnlicher Schatz; es hieß, er enthalte die Weisheit des Ramadan-Fastens.

In diesem Jahr beschloss ein Junge namens Idris, der von den Geschichten, die er seit seiner Kindheit gehört hatte, fasziniert war, diesen Schatz zu finden. Mit dem Segen seiner Eltern begann er seine Reise am ersten Tag des Ramadan.

Idris stieg jeden Tag, fastend, betend und über die Lehren des Korans nachdenkend, auf den Berg. Jeden Abend brach er sein Fasten mit etwas Brot und Wasser und betete unter dem Sternenhimmel.

Mit den Tagen fühlte Idris, wie sein Körper schwächer wurde, aber sein Geist klarer. Nach und nach verstand er, dass das Fasten nicht nur ein Verzicht auf Nahrung und Trinken war, sondern Nahrung für die Seele.

Am letzten Tag des Ramadan erreichte Idris den Gipfel. Er fand keine Truhe voller Gold oder Edelsteine. Stattdessen fand er eine alte geschnitzte Holztruhe, in der eine Schriftrolle lag.

Idris entrollte das Pergament vorsichtig und las: "Der wahre Schatz des Fastens ist der innere Frieden, die Selbstbeherrschung und die Nähe zum Schöpfer. Wer dies versteht, besitzt den größten Schatz."

Als er vom Berg herabstieg, erkannte Idris, dass der Schatz, den er gesucht hatte, nie dazu bestimmt gewesen war, berührt oder gesehen zu werden. Er war bereits in ihm, gehegt durch jeden Tag des Fastens, jedes Gebet und jeden Moment der Reflexion.

Als Idris ins Dorf zurückkehrte, teilte er die Weisheit des Schatzes des Fastens mit allen. Jeden folgenden

Ramadan fastete das ganze Dorf mit einem neuen
Verständnis und einer neuen Hingabe, jeder auf der
Suche nach dem Schatz in seinem eigenen Herzen.

15)   __Das Lächeln des Mondes__

Im Dorf Qamar wurden die Ramadan-Nächte nicht nur von den Sternen erleuchtet, sondern auch vom wohlwollenden Lächeln des Mondes. Zumindest glaubte das der junge Samir, der stundenlang den nächtlichen Himmel von seinem Balkon aus betrachtete.

Samirs Großmutter, eine weise Frau mit unendlichen Geschichten, hatte ihm erzählt, dass das Lächeln des Mondes während des Ramadans ein Zeichen für Allahs Liebe zu seinen Geschöpfen sei. Samir, mit seinem unschuldigen Herzen und seinem reinen Glauben, glaubte fest an diese Worte.

Eines Nachts, als der Mond sich in einer besonders klaren Sichel zeigte, machte Samir einen Wunsch: Er wollte, dass das Lächeln des Mondes Glück und Ruhe zu allen bringen möge, die er liebte. Er begann, den Mond auf ein großes Stück Papier zu zeichnen, und fügte mit seinen Buntstiften ein warmes Lächeln hinzu.

Am letzten Abend des Ramadan beschloss Samir, seine Zeichnung mit dem Dorf zu teilen. Er hängte sie an die Tür seines Hauses, damit alle Vorbeigehenden das Lächeln des Mondes sehen konnten.

Am nächsten Morgen, am Tag des Eid, erwachten die Dorfbewohner und fanden Samirs gezeichnetes Mondlächeln. Die Kinder lachten beim Anblick, die Erwachsenen fühlten sich getröstet und eine Atmosphäre der Freude breitete sich im ganzen Dorf aus.

„Schau, das ist Samirs Mondlächeln!", riefen die Kinder,
als sie zur Moschee für das Eid-Gebet gingen.

Als Samir sah, welche Wirkung seine Zeichnung auf die
Dorfbewohner hatte, fühlte er sein Herz mit
unbeschreiblicher Freude gefüllt. Er verstand, dass
kleine Handlungen, mit Liebe und Aufrichtigkeit getan,
eine große Wirkung haben können.

Jedes Jahr wurde Samirs Mondlächeln zur Ramadan-Tradition, die alle Einwohner von Qamar an die Liebe und Güte erinnerte, die in einfachen Gesten und in der Magie kindlicher Glaubensvorstellungen liegen.

16)   <u>Der Schlüssel zum Paradies</u>

In der friedlichen Stadt Safa, als der Ramadan sich dem
Ende neigte, erzählte ein alter Mann namens Abbas den
Kindern eine Geschichte, die er von seinen eigenen
Großeltern übernommen hatte. Laut ihm war irgendwo
in der Stadt ein alter Schlüssel versteckt, geschmiedet
aus dem reinsten Gold und verziert mit Edelsteinen, der
die Tore zum Paradies öffnen konnte.

Die Kinder hörten zu, ihre Augen funkelten vor Staunen und Unglaube. Unter ihnen war ein junges Mädchen namens Yasmin, das von dieser Geschichte besonders berührt war. Sie näherte sich Abbas nach dem Erzählen und fragte: „Abbas, existiert der Schlüssel zum Paradies wirklich?"

Abbas sah Yasmin mit einem geheimnisvollen Lächeln an und antwortete: „Yasmin, der Schlüssel zum Paradies ist nicht das, was du denkst. Es ist kein Schlüssel, den man in seinen Händen halten kann. Es ist etwas, das man in seinem Herzen trägt."

Neugierig verbrachte Yasmin die folgenden Tage damit, über die Worte von Abbas nachzudenken. Sie beschloss, diesen symbolischen Schlüssel zu suchen, indem sie Taten der Güte und Großzügigkeit vollbrachte, ihren Nachbarn half, ihr Essen mit denen teilte, die Hunger hatten, und aufrichtige Gebete für ihre Gemeinschaft anbot.

Der Tag des Eid kam, und Yasmin spürte eine Veränderung in sich. Sie hatte entdeckt, dass der Schlüssel zum Paradies aus Mitgefühl, Liebe und Hingabe an andere bestand. Ihre Suche hatte ihr gelehrt, dass die wahren Tore zum Paradies sich durch gute Taten und die Reinheit der Absicht öffnen.

Als sie ihre Entdeckung mit Abbas teilte, lächelte der alte Mann sie stolz an. „Yasmin, du hast den kostbarsten aller Schlüssel gefunden. Behalte ihn immer bei dir, und

du wirst den Weg zum Paradies in dieser Welt und in
der nächsten finden."

17) <u>Sofias Reue</u>

Sofia saß alleine im Schatten eines jahrhundertealten Olivenbaums, außerhalb der Moschee, ihre Augen schwer vor Reue. Sie flüsterte kaum hörbare Worte, eine Mischung aus Gebet und persönlichem Versprechen.

Ihre Mutter fand sie dort, eine zarte Sorge zeichnete sich auf ihrem Gesicht ab. "Sofia, du scheinst die Welt auf deinen Schultern zu tragen. Was ist los, meine Tochter?"

fragte sie sanft.

Sofia blickte auf, ihre Tränen spiegelten den zunehmenden Mond wider. "Mama, ich habe das Gefühl, dass ich dieses Jahr meinen Weg verloren habe. Ich... ich möchte Buße tun, ich möchte Frieden finden", gestand sie mit zittriger Stimme.

Ihre Mutter setzte sich neben sie und umhüllte Sofia mit ihren Armen. "Reue ist eine Reise, Sofia, und der Ramadan ist der beste Kompass. Allah ist barmherzig und immer bereit, diejenigen willkommen zu heißen, die zu Ihm zurückkehren."

In den folgenden Tagen vertiefte sich Sofia mit neuer Inbrunst in die Rituale des Ramadan. Eines Abends, als sie dabei half, den Tisch für das Iftar zu decken, beobachtete ihr Vater sie mit einem schiefen Lächeln. "Weißt du, Sofia, jede Handlung, die du jetzt unternimmst, leuchtet heller als die Fehler der Vergangenheit", sagte er.

"Ich möchte glauben, dass ich mich ändern kann, Papa", antwortete Sofia, den Blick gesenkt.

"Du änderst dich bereits", erwiderte ihr Vater. "Und jeder Tag ist eine neue Seite, die du beschreiben kannst."

In der Nacht von Laylat al-Qadr stand Sofia mit ihrer
Familie zum Gebet. "Allah, gib mir die Kraft, die zu
sein, die Du willst, dass ich bin", betete sie.

Nach dem Gebet kuschelte sich ihr kleiner Bruder Amir,
der ihre Veränderung bemerkt hatte, an sie. "Sofia, wirst
du mir heute Abend wieder Geschichten erzählen?"
fragte er hoffnungsvoll.

Sofia fuhr ihm liebevoll durchs Haar. "Natürlich, Amir.
Welche Geschichte möchtest du hören?"

"Eine Geschichte über Vergebung", sagte er mit der
kindlichen Einfachheit, die oft die tiefsten Wahrheiten
ins Herz trifft.

Und so erzählte Sofia, und in jedem Wort webte sie ihre
Hoffnung und ihren Entschluss, von Neuem zu
beginnen, gestützt durch den Glauben und die Liebe
ihrer Familie.

18)   Die Samen des Glaubens

Im kleinen Dorf Muna hatte der alte Hamid einen Garten, den er mehr als alles andere schätzte. Er züchtete nicht nur Gemüse und Blumen, sondern auch Samen des Glaubens, die er gerne mit den Dorfkindern teilte.

Eines Tages, als der Ramadan näher rückte, beschloss Hamid, jedem Kind einen kleinen Samen zum Pflanzen zu geben. Unter ihnen war Amina, ein neugieriges und aufmerksames junges Mädchen.

"Großvater Hamid, was sind das für Samen?" fragte
Amina und hielt den winzigen Samen zwischen ihren
Fingern.

Hamid hockte sich neben sie, ein wohlwollendes
Lächeln auf den Lippen. "Das sind Samen des Glaubens,
Amina. Du wirst sie während des Ramadan pflanzen und
gießen, und du wirst sehen, was sie werden."

Amina pflanzte ihren Samen sorgfältig und goss ihn
jeden Tag nach dem Morgengebet, während sie ein
kurzes Gebet oder einen Vers aus dem Koran rezitierte.
Sie beobachtete den Boden voller Hoffnung, darauf
wartend, das Ergebnis ihrer Arbeit und ihres Glaubens
zu sehen.

Mit fortschreitendem heiligen Monat keimte der Samen
und wuchs zu einer schönen grünen Pflanze heran.
Amina war von der Verwandlung verzaubert und lief,
um die Neuigkeit mit Hamid zu teilen.

"Schau, Großvater, sie ist gewachsen! Es ist, als ob mein
Glaube auch gewachsen ist", rief sie aus.

Hamid nickte, seine Augen leuchteten vor Stolz. "Jeder

Samen, den du mit Liebe und Geduld nährst, Amina, ist
wie der Glaube in deinem Herzen. Er benötigt
Aufmerksamkeit und Pflege, um zu gedeihen."

Daraufhin verstand Amina, dass Gärtnern nicht nur eine
Sache von Pflanzen und Erde war, sondern auch ein
Symbol für ihr eigenes spirituelles Wachstum. Die
Samen des Glaubens, die sie während des Ramadan
genährt hatte, würden lange nach dem heiligen Monat
weiterwachsen.

19) <u>Die Oase der Ruhe</u>

Adel stand auf der Spitze einer Düne und spähte in die Ferne, als sich der alte Wüstenführer Karim ihm näherte.

"Du suchst die Oase der Ruhe, nicht wahr?" fragte Karim, seine Stimme so rau wie der Sand unter ihren Füßen.

Adel nickte, Hoffnung lag in seinen Augen. "Ja, mir wurde gesagt, dass ich dort während des Ramadan Frieden finden könnte."

Karim lächelte, seine Falten vertieften sich wie die Furchen einer Karte. "Es ist eine Reise, die viele unternehmen, aber nur das aufrichtige Herz wird finden, wonach es sucht."

Mit diesen rätselhaften Worten gab Karim Adel genaue Anweisungen und ließ ihn allein weitermachen. Nach einer strapaziösen Reise fand Adel endlich die Oase, einen wahren Smaragdspiegel inmitten der Ockerfarben der Wüste.

Zitternd vor Emotion kniete Adel am Wasser nieder und flüsterte ein Gebet. Dann hörte er eine Stimme hinter sich.

"Frieden ist ein gut gehüteter Schatz, junger Reisender. Glaubst du, ihn gefunden zu haben?" sagte eine Frau, deren Silhouette sich gegen den Mond abhob.

Adel drehte sich um und sah eine alte Frau, gekleidet in einem Gewand so blau wie die Nacht, die sich näherte.

"Ich... ich hoffe es", antwortete Adel. "Ich bin hierher gekommen, um die Ruhe zu suchen, die ich in meinem hektischen Leben nicht finde."

Die alte Frau setzte sich neben ihn und deutete auf den Sternenhimmel. "Frieden findest du nicht nur in der Stille der Oase, sondern in der Stille, die du in dir selbst erschaffst."

Adel verbrachte die Nacht damit, mit der Frau zu sprechen, lernte, über die Verse des Korans zu meditieren und die Einsamkeit zu schätzen, die es ihm ermöglichte, sich mit seinem Glauben zu verbinden.

In den Nächten des Ramadan lernte Adel, mitten im Chaos Ruhe zu finden, eine Lektion, die er lange nach dem heiligen Monat bei sich trug. Indem er seine Erfahrung mit anderen teilte, brachte er ein Stück der Oase der Ruhe in das Herz eines jeden, und zeigte, dass Frieden eine Reise ist, kein Ziel.

20)   <u>Der Segen des Sahur</u>

In der Stille vor der Morgendämmerung, während die Stadt noch im dunklen Schleier der Nacht gehüllt ist, versammeln sich Layla und ihre Familie leise in der Küche. Es ist die Zeit des Sahur, die Mahlzeit vor Beginn des Fastens im Ramadan.

Laylas jüngerer Bruder, Hadi, reibt sich die noch schlafschweren Augen. "Warum müssen wir so früh aufstehen?" murmelt er.

Laylas Vater, mit einem Lächeln in der Stimme, antwortet sanft: "Dies ist die Zeit, in der wir Allah bitten, uns für den beginnenden Tag zu segnen, uns die Kraft zu geben zu fasten."

Layla füllt leise die Gläser mit Wasser und fügt hinzu: "Und es ist eine besondere Zeit, Hadi. Es ist, als ob die ganze Welt den Atem anhält, und in dieser Stille steigen unsere Gebete direkt zum Himmel auf."

Sie sitzen zusammen, teilen Datteln und Milch, die einfache, aber nahrhafte Mahlzeit ruft Jahrhunderte der Tradition wach. Laylas Mutter teilt dann einen Gedanken: "Jeder Bissen, den wir jetzt nehmen, ist ein Samenkorn, das wir für den kommenden Tag säen. Mit

jedem Samen bitten wir um Geduld, Konzentration und
Dankbarkeit."

Hadi, der seine Milch trinkt, beginnt zu verstehen. "Es
ist, als würden wir unsere Herzen aufladen, bevor wir
eine lange Reise beginnen", sagt er, ein neues Erwachen
in seinen Augen.

"Genau, mein Sohn", sagt der Vater, als er aufsteht, um

die Vorbereitungen für das Gebet zu treffen. "Und jetzt, da wir unser Sahur beenden, beginnen wir unsere tägliche Reise des Ramadan, die Segnungen dieser stillen Stunde den ganzen Tag über bei uns tragend."

Die Familie beendet ihre Mahlzeit und begibt sich ins Wohnzimmer, um gemeinsam zu beten. Die Morgendämmerung bricht an, und mit ihr die Hoffnung und das Versprechen eines neuen Fastentags, der Besinnung und der Nähe zum Göttlichen.

21)   <u>Die Freude des Teilens</u>

Die Nacht fiel über das kleine Städtchen Salam, wo der Ramadan im Rhythmus des Teilens und der Lächeln gelebt wurde. In einer ruhigen Gasse versammelten sich die Kinder des Viertels um den großen Iftar-Tisch, den die großzügige Frau Hanan vorbereitet hatte.

"Warum legen wir immer doppelt so viel Essen auf den Tisch, wie wir essen können, Frau Hanan?" fragte Farid neugierig, ein Junge mit funkelnden Augen.

Mit einem warmen Lächeln und Händen im Teig

antwortete Frau Hanan: "Aus Freude am Teilen, Farid. Während des Ramadan verdoppelt sich der Wert jedes Gerichts, das wir teilen, in unseren Herzen."

Leila, ein kleines Mädchen mit braunen Locken, fügte begeistert hinzu: "Und meine Mutter sagt, wenn wir teilen, wissen wir nie, welcher Engel unser Essen teilen wird!"

Frau Hanan lachte leise. "Das ist richtig, Leila. Und manchmal ist es kein Engel, sondern ein Nachbar, der Gesellschaft und eine warme Mahlzeit braucht."

Als wären ihre Worte ein Signal, wurde an der Tür geklopft. Es war Herr Amir, ein alter, einsamer Mann aus der Nachbarschaft. "Ich konnte die Gewürze aus meinem Wohnzimmer riechen", sagte er schüchtern, "und ich habe mich gefragt..."

"Kommen Sie herein, Herr Amir! Sie sind an unserem Tisch willkommen!" riefen die Kinder und zogen ihn hinein.

Der Tisch wurde lebendig mit der Ankunft ihres Überraschungsgastes, und das Iftar nahm eine noch fröhlichere Wendung. Lachen und Gespräche füllten die Luft, während die Gerichte von Hand zu Hand gingen.

Nach dem Essen, als sie sich für die Abendgebete niederließen, näherte sich Farid Frau Hanan. "Jetzt verstehe ich. Teilen macht uns alle reich, nicht wahr?"

Frau Hanan nickte liebevoll. "Genau, Farid. Und der wahre Reichtum ist der, der die Seele erfüllt."

In jener Nacht, als die Sterne wie Juwelen am Himmel funkelten, hatte die Freude am Teilen Herzen vereint und Erinnerungen geschaffen, die weit über den heiligen Monat hinaus Bestand haben würden.

22)   <u>Der Mantel der Nacht</u>

Im Dorf Lune Claire, als der Ramadan sowohl Tag als auch Nacht in seinen heiligen Geist hüllte, zog ein alter Geschichtenerzähler namens Hakim die Kinder mit seinen Geschichten unter dem sternübersäten Mantel der Nacht an.

Ein Kind insbesondere, Zara, war fasziniert von seinen Erzählungen. Eines Abends, als die Sterne wie Diamanten am Himmel funkelten, näherte sie sich

Hakim und fragte:

"Sag mir, Hakim, warum nennst du die Nacht 'den Mantel'?"

Hakim, in seinen abgetragenen Schal gehüllt, bot ihr ein weises Lächeln und antwortete: "Die Nacht ist ein Mantel, meine kleine Zara, unter dem wir uns alle verstecken können, um nach einem langen Tag Ruhe und Frieden zu finden. Unter diesem Mantel steigen unsere Gebete am höchsten empor."

Zaras Augen leuchteten vor Staunen. "Hören die Sterne unsere Gebete?" fragte sie unschuldig.

"Ich glaube, sie sind die Boten unserer Gebete", sagte Hakim, sein Blick verlor sich in der Unendlichkeit über ihnen. "Wenn wir unsere Hoffnungen und Träume mit der Nacht teilen, webt sie diese in den himmlischen Mantel ein, um sie sicher aufzubewahren, bis sie in Erfüllung gehen."

Zara kuschelte sich an ihre Mutter, die zu ihr gestoßen war, und zusammen lauschten sie Hakim, der eine Geschichte über einen Sternschnuppen erzählte, der die Wünsche eines jungen Mädchens aufgenommen und sie durch die Himmel getragen hatte.

In der Nacht von Laylat al-Qadr fasste Zara all ihren Mut und teilte ihren eigenen Wunsch mit dem Mantel der Nacht, um Weisheit und Stärke zu erbeten. Sie fühlte die sanfte Umarmung der Dunkelheit und wusste, dass

ihre Worte sicher im himmlischen Mantel aufbewahrt
waren, bis sie bereit waren, aufzublühen.

23)   <u>Das Echo des Adhan</u>

Im Dorf Qalb, das auf einem Hügel über einem grünen Tal thront, hallte der Ruf zum Gebet, der Adhan, täglich durch die engen Straßen und die Steinhäuser. Dieses Geräusch, das Glauben und Tradition trug, leitete die Einwohner in ihrem Alltag und während des Ramadan nahm es eine ganz besondere Resonanz an.

Zahra, ein junges Mädchen mit einem scharfen Verstand und einem zarten Herzen, war vom Adhan fasziniert. In einer Dämmerung des Ramadan, als der Muezzin tief

Luft holte, um den Ruf zu beginnen, näherte sich Zahra ihrem Vater und fragte: "Papa, warum ist der Adhan so wichtig?"

Ihr Vater, ein weiser Mann mit einer Stimme so sanft wie der Abend, antwortete, indem er ihre Hand nahm. "Zahra, der Adhan ist eine Erinnerung. Es ist das Echo unseres Glaubens, das uns dazu aufruft, Allah zu gedenken, zu beten und über unser Handeln nachzudenken."

Neugierig hörte Zahra dem Adhan aufmerksam zu, ließ die Worte in ihre Seele einziehen. "Es ist, als ob jedes Wort zu mir spricht, Papa. Als ob der Adhan mir sagt, dass ich mich zum Guten eilen soll."

Ihr Vater lächelte, sein Herz erfüllt von Stolz für die Sensibilität seiner Tochter. "Und jedes Mal, wenn du ihn hörst und auf diesen Ruf antwortest, eilst du zum Licht, meine liebe Zahra."

Der Ramadan ging weiter, und jeden Tag antwortete Zahra mit zunehmender Inbrunst auf den Ruf. Sie schloss sich dem Gebet an, lernte neue Suren und half ihrer Mutter, das Iftar für die Nachbarn vorzubereiten.

Als das Eid-Fest kam, mit seinen Feierlichkeiten und fröhlichen Wiedersehen, spürte Zahra, dass der Adhan eine tiefere Verbindung in ihr zu ihrer Gemeinschaft und ihrem Glauben gewoben hatte. Sie wusste, dass das

Echo des Adhan in ihr weiterhallen würde und sie weit
über die gesegneten Tage des Ramadan hinaus leiten
würde.

24) <u>Die Nacht des Schicksals von Karim</u>

In einer Stadt, in der die Minarette stolz in den Himmel ragen, erwartete Karim sehnsüchtig die Nacht des Schicksals, Laylat al-Qadr, eine der gesegnetsten Nächte des Ramadan. Es hieß, dass Gebete in dieser Nacht wertvoller seien als die von tausend Monaten.

Karim war ein fleißiger und aufmerksamer Junge, immer bereit zu lernen und anderen zu helfen. Aber dieses Jahr wollte er Laylat al-Qadr voll und ganz erleben. Er hatte beschlossen, die ganze Nacht wach zu bleiben, um zu beten und zu reflektieren.

"Mama, wie werde ich wissen, ob ich wirklich Laylat al-Qadr gefunden habe?" fragte Karim, während seine Familie sich auf die Nacht vorbereitete.

Seine Mutter antwortete sanft: "Einige sagen, dass die Nacht so friedlich ist, dass selbst fallendes Wasser keinen Lärm macht. Aber was zählt, ist die Absicht deines Herzens, mein Sohn."

Die Nacht fiel, und Karims Zuhause wurde von einem sanften, warmen Licht erfüllt. Nachdem sie das Fasten gebrochen hatten, begann die Familie mit den Gebeten. Karim fühlte sich in eine Atmosphäre von Hingabe und Liebe gehüllt.

Nach Mitternacht, während seine Eltern kurz schliefen, blieb Karim auf seinem Gebetsteppich sitzen, rezitierte den Koran und meditierte über seine Lehren. Er dachte über die Barmherzigkeit Allahs, die Geduld und die Dankbarkeit nach.

Als er durch das Fenster zum Himmel aufblickte, sah er die Sterne mit einem besonderen Glanz leuchten. Er fühlte sein Herz zur Ruhe kommen, eine tiefe Stille überkam ihn. Er flüsterte: "Vielleicht ist es jetzt, Laylat al-Qadr."

Die Stunden vergingen, und Karim blieb in seinem Gebet vertieft, und fühlte eine tiefere Verbindung zu seinem Glauben als je zuvor. Als die Morgendämmerung heranbrach, wusste er tief in seinem Inneren, dass er etwas Besonderes erlebt hatte, auch wenn er sich nicht ganz sicher sein konnte.

"Mama, ich glaube, ich habe den Frieden von Laylat al-Qadr gespürt", sagte er zu seiner Mutter am frühen Morgen.

Sie lächelte, ihre Augen voller Freudentränen. "Nur Allah kennt die Wahrheit, aber deine Hingabe in dieser Nacht wird sicher belohnt werden, mein lieber Karim."

Und während die Sonne aufging, fühlte sich Karim dankbar und erneuert, bereit, mit dem Glauben und der Entschlossenheit weiterzuleben, die er in der heiligsten Nacht des Jahres empfunden hatte.

25) <u>Das Abenteuer des letzten Jahrzehnts</u>

In der sanften Wärme des letzten Jahrzehnts des Ramadan beschlossen zwei Freunde, Aya und Bilal, diese Zeit unvergesslich zu machen. Sie wollten die tiefe Bedeutung dieser heiligen Tage erforschen, insbesondere die Suche nach Laylat al-Qadr, der Nacht der Bestimmung.

"Bilal, stell dir vor, wir könnten genau herausfinden, welche Nacht es ist!" sagte Aya begeistert, ihre Augen funkelten bei dem Gedanken an ihre spirituelle Suche.

Bilal nickte, fasziniert von der Idee. "Lass uns einen Plan machen. Jede Nacht werden wir eine gute Tat vollbringen und aufzeichnen, was wir fühlen. Vielleicht führt uns das zu Laylat al-Qadr."

So begann ihr Abenteuer. In der ersten Nacht halfen sie, das Iftar für bedürftige Familien vorzubereiten. In der zweiten verbrachten sie Zeit damit, den Geschichten der Dorfältesten zu lauschen. Nacht für Nacht widmeten sie ihre Zeit guten Taten und Andacht.

"Ich habe heute Nacht etwas Besonderes gefühlt," vertraute Aya nach einem intensiven Gebet an. "Als würde sich der Himmel ein wenig öffnen."

Bilal stimmte zu. "Es war anders, wie ein Schauer in der

Luft. Vielleicht war es die Nacht, die wir suchen."

Die letzte Nacht kam, und mit ihr eine Ruhe, die das Dorf einhüllte. Aya und Bilal saßen auf dem Dach und blickten in den sternübersäten Himmel.

"Ob diese Nacht Laylat al-Qadr ist oder nicht, ich glaube, wir haben gefunden, was wir gesucht haben," flüsterte Bilal. "Eine tiefere Verbindung mit unserem Glauben und untereinander."

Aya nickte, fühlte denselben inneren Frieden. Als die Morgendämmerung anbrach und das Ende ihres Abenteuers markierte, wussten sie, dass die während dieses letzten Jahrzehnts gelernten Lektionen und die gemeinsamen Momente nach dem Ende des Ramadans bei ihnen bleiben würden.

"Es war unsere eigene Nacht der Bestimmung, auf unsere eigene Art und Weise," sagte Aya, als sie sich darauf vorbereiteten, einen neuen Tag zu begrüßen.

26) Der Schmetterling des Ramadan

Im kleinen, blumenreichen Dorf Asilah wurde die Ankunft des Ramadan nicht nur mit Gebeten und Fasten gefeiert, sondern auch mit dem Erscheinen eines ganz besonderen Schmetterlings, bekannt als der Ramadan-Schmetterling. Es hieß, dass dieser Schmetterling, mit himmelblauen Flügeln, die mit Mustern übersät waren, die Geschichten zu erzählen schienen, nur einmal im Jahr, während des heiligen Monats, erschien.

Nora, ein junges Mädchen voller Lebensfreude, war von diesen Kreaturen fasziniert. Eines Tages, als sie beobachtete, wie einer von ihnen um einen Lavendelstrauch flatterte, näherte sich ihr Freund Karim.

"Warum nennt man sie Ramadan-Schmetterlinge, Nora?" fragte Karim, während er den anmutigen Flug des Schmetterlings verfolgte.

Nora wandte sich ihm mit einem strahlenden Lächeln zu. "Man sagt, dass diese Schmetterlinge uns jeden Ramadan daran erinnern sollen, wie schön und vergänglich das Leben ist. Sie lehren uns die Metamorphose und das Wachstum, so wie wir uns bemühen, während dieses Monats zu wachsen und uns zu verbessern."

Karim, fasziniert von diesem Gedanken, beobachtete, wie der Schmetterling sich sanft auf einer Blume niederließ. "Es ist, als wären sie eine Botschaft von Allah, eine Erinnerung an Seine Gegenwart in der Schönheit der Natur."

"Genau!" rief Nora aus. "Und meine Großmutter sagt, dass, wenn man ein Geheimnis mit einem Ramadan-Schmetterling teilt, deine Nachricht bis in den Himmel steigt."

Die beiden Kinder beschlossen dann, ihre Wünsche für das kommende Jahr mit dem Schmetterling zu teilen, indem sie leise flüsterten, während sie die durchsichtigen Flügel im Takt ihrer Hoffnungen schlagen sahen.

Als der Ramadan zu Ende ging, spürten Nora und Karim eine Verwandlung in sich, als ob die Lehren des Ramadan-Schmetterlings in ihrem Herzen Wurzeln geschlagen hätten. Sie waren bereit, ihre eigenen Flügel auszubreiten und zu neuen Höhen des Glaubens und der Güte aufzusteigen.

27)   <u>Die Lichter von Al-Qadr</u>

In der Stadt Al-Fajr wurde die Nacht von Laylat al-Qadr mit einer ganz besonderen Ehrfurcht erwartet. Es wurde gesagt, dass in dieser Nacht, gesegneter als tausend Monate, der Himmel sich öffnen würde, um die Erde mit göttlichem Licht zu baden, und dass die Gebete direkt in den Himmel aufsteigen würden.

Soraya, ein junges Mädchen mit einem reinen Herzen, hatte sich die ganze Zeit des Ramadan auf diese Nacht vorbereitet. Sie hatte mit Hingabe gefastet, inbrünstig gebetet und ihrer Familie und ihren Nachbarn mit bedingungsloser Liebe geholfen.

In der Nacht von Al-Qadr saß Soraya auf der Dachterrasse ihres Hauses, ein Schal um die Schultern gewickelt, und blickte in den Himmel. Sie wartete auf das Zeichen der Lichter von Al-Qadr, einen Beweis dafür, dass ihre Gebete erhört würden.

Während sie wartete, sah sie einen leuchtenden Schein über den Himmel ziehen. Es war keine Sternschnuppe und kein Satellitenglanz. Es war ein sanftes, friedvolles Licht, das zu tanzen schien zwischen den Sternen.

Soraya schloss die Augen und betete für ihre Familie, für den Frieden in der Welt und für Führung auf ihrem eigenen Lebensweg. Als sie die Augen öffnete, war das Licht immer noch da, flimmernd, als würde es auf ihren Ruf antworten.

Die Stunden vergingen und Soraya blieb draußen, umhüllt von der Stille der Nacht. Sie fühlte, wie ihr Herz leichter wurde, als ob das Licht von Al-Qadr die Lasten ihrer Seele mit sich nahm.

Als die Dämmerung anbrach, hatte sich das Licht mit dem Horizont verschmolzen, aber Soraya wusste, dass sich etwas verändert hatte. Laylat al-Qadr hatte ihr Leben berührt und eine leuchtende Spur hinterlassen, die niemals erlöschen würde.

Die Jahre vergingen und die Legende von den Lichtern von Al-Qadr wurde weitererzählt. Soraya wurde die Hüterin dieser Geschichte, die den zukünftigen Generationen in Erinnerung rief, dass die Zeichen Allahs überall um uns herum sind, wenn wir nur unsere Herzen öffnen und unsere Seelen erheben.

28) <u>Die Blumen des Paradieses</u>

Im Herzen einer grünen Oase blühte ein Garten, in dem
jede Blume von göttlicher Gnade berührt zu sein schien.
Es war der Garten, den Hadiya und ihr Großvater mit
Liebe pflegten, ein Ort des Friedens, an dem sich die
Gemeinschaft während des Ramadan gerne
versammelte.

Hadiya, mit ihren kleinen, aber geschickten Händen,
pflanzte Blumen mit himmlischen Düften und
leuchtenden Farben. Ihr Großvater nannte es sein kleines

Stück Paradies. "Jede Blume, die du pflanzt, meine
Liebe, ist eine Erinnerung an die Wunder Allahs", sagte
er ihr oft.

In diesem Jahr hatte Hadiya eine besondere Idee für das
Eid al-Fitr. Sie wollte für jede Familie im Dorf einen
Strauß aus Paradiesblumen kreieren, als Symbol der
Freude und des Teilens zum Ende des Ramadan.

Jeden Abend nach dem Iftar arbeitete sie im Licht der
Laternen, wählte die schönsten Blumen aus, band sie mit
Bändern zusammen und betete, dass jeder Strauß dem
Empfänger Glück bringen möge.

Als das Eid ankam, war Hadiyas Garten ein Regenbogen
aus Farben und Düften. Die Dorfbewohner waren von
der Schönheit der Sträuße, die sie ihnen mit einem
strahlenden Lächeln anbot, verzaubert.

"Deine Blumen, es ist, als kämen sie direkt aus dem
Paradies, Hadiya", staunte eine Nachbarin, als sie den
Duft einer zarten Rose einatmete.

Hadiya errötete vor Freude. "Ich wollte, dass jeder von
euch ein kleines Stück unseres Gartens für das Eid hat",
erklärte sie.

Hadiyas Geste wurde lange im Dorf geschätzt. Ihr
Garten wurde zum Symbol für Großzügigkeit und
Einheit, und jedes Eid erinnerten die Sträuße aus

Paradiesblumen die Dorfbewohner an die Schönheit
ihrer Gemeinschaft und die Großzügigkeit, die in jedem
ihrer Herzen blühte.

29) __Das Eid-Versprechen__

In der belebten Stadt Rihla erfüllte die Aufregung des
Eid die Luft. Die Straßen waren mit Girlanden und
blinkenden Lichtern geschmückt, die das Ende des
Ramadan ankündigten. Für Amina und ihren kleinen
Bruder Hassan war Eid gleichbedeutend mit Familie,
Freude und neuen Versprechen.

Am Vorabend des Eid hatte ihr Vater ihnen ein
besonderes Versprechen gemacht: Wenn die Kinder es

schafften, die letzten Tage des Ramadan zu fasten,
würde die ganze Familie in den Vergnügungspark
gehen. Amina, ernst in ihren Verpflichtungen, hatte ihr
Versprechen gehalten, ebenso wie Hassan, obwohl es für
den kleinen Jungen schwer war.

Der lang erwartete Tag kam, aber ihr Vater erhielt einen
dringenden Anruf von seiner Arbeit. Es gab einen
Notfall, den er nicht ignorieren konnte. Mit schwerem
Herzen setzte er sich zu seinen Kindern.

"Meine Kinder, es tut mir leid. Der Besuch im Park
muss verschoben werden", sagte er mit Bedauern.

Aminas und Hassans Augen füllten sich mit Tränen. Sie
hatten sich so sehr auf diesen Moment gefreut.

Als er die Enttäuschung in den Augen seiner Kinder sah,
traf ihr Vater eine Entscheidung. "Nichts ist wichtiger
als mein Versprechen an euch", sagte er, während er sein
Telefon nahm. Nach einigen Minuten des Gesprächs
legte er auf, ein Lächeln im Gesicht.

"Ein Versprechen ist ein Versprechen. Wir werden in
den Park gehen, wie geplant. Meine Arbeit kann
warten."

Amina und Hassan sprangen vor Freude auf, umarmten
ihren Vater fest. Der Tag war erfüllt von Lachen,
Karussellfahrten und kostbaren Momenten. Sie
verstanden, dass Eid nicht nur ein Fest war, sondern
auch eine Zeit, in der gemachte Versprechen geehrt

wurden, wo die Familie vor allem anderen stand.

Als sie am Abend das Feuerwerk den Himmel erleuchten sahen, flüsterte Amina ein stilles Dankeschön. Sie wusste, dass der wahre Segen des Eid nicht in den Geschenken oder Ausflügen lag, sondern in den unerschütterlichen Banden der Liebe und Ehre unter ihnen.

30)   <u>Die Farben des Eid</u>

Das Dorf erwachte langsam, eingetaucht in das goldene Licht des Eid-Morgens. Im blauen Haus am Ende der Gasse waren Layla und ihr Bruder Karim bereits mit Bändern und buntem Papier beschäftigt.

"Papa, schau! Ich habe meine Laterne für Eid fertig dekoriert!" rief Karim aus und hielt stolz sein Werk in die Höhe zu ihrem Vater.

Laylas und Karims Vater, ein Mann mit einem Salz-und-Pfeffer-Bart und Augen voller Schelmerei, beugte sich vor, um die Laterne zu betrachten. "Das ist wunderschön, Karim. Du hast deine Farben sorgfältig ausgewählt."

Layla, mit einem schelmischen Lächeln, zog an der Ärmel ihres Vaters. "Und ich, Papa, habe eine Girlande mit allen Farben unserer Eid-Kleidung gemacht. Jede Farbe steht für ein Mitglied unserer Familie."

Der Vater blickte sie an, sein Herz erfüllt von Liebe für seine Kinder. "Ihr beide habt die Farben des Eid in unser Haus gebracht. Aber vergesst nicht, die schönsten Farben sind die unserer Taten und unserer Lächeln heute."

Der Tag verging in einem Wirbel aus Besuchen, Lachen und Festmahlen. Jedes Mal, wenn Layla und Karim ihre Freunde und Familie trafen, teilten sie ein freundliches Wort oder ein kleines handgemachtes Geschenk.

Als die Sonne unterging und den Himmel in rosa und orange Töne tauchte, setzte sich Layla neben ihren Vater. "Papa, Eid ist wirklich der farbenfrohste Tag des

Jahres, nicht wahr?"

Ihr Vater nickte, umfasste ihre Schultern. "Ja, meine
Liebe. Aber nicht nur wegen der Dekorationen oder der
Kleider. Es ist, weil unsere Herzen voller Freude sind
und wir diese Freude mit allen teilen."

Und so, während die Sterne im Himmel zu funkeln
begannen, nahmen sich Layla und Karim vor, die Farben
des Eid das ganze Jahr über in ihren Herzen lebendig zu
halten, bis Eid wiederkehrt.